DES PÉTITIONS,

PAR M. DE BONALD,

DÉPUTÉ DE L'AVEYRON.

A PARIS,

De l'Imprimerie d'Adrien LE CLERE, quai des Augustins, n°. 35.

1820.

DES PÉTITIONS.

SUR LES PÉTITIONS.

Il faut creuser au fond des questions, quand on veut les résoudre; et la discussion du 15 de ce mois, sur *l'ordre du jour* ou le *renvoi au bureau des renseignemens*, a laissé dans son entier la question des pétitions.

La Charte permet-elle ou ne permet-elle pas aux particuliers des pétitions sur des objets de législation générale? Voilà la question. Le principe de la décision doit se trouver dans la Charte; les motifs en doivent être pris dans la raison, interprète de toutes les lois, au moins de celles qu'elle a faites.

La question est décidée, dira-t-on, et la Chambre, sur cette matière, a ce qu'on appelle des *précédens*. Mais la Charte est le *précédent* de la Chambre, et la raison le *précédent* de la Charte; et puis quels *précédens* peut-on invoquer, et quelle jurisprudence a pu se

*

former dans une Chambre assemblée depuis quatre ans, renouvelée en entier un an après, et par cinquième pendant trois ans, et où, depuis, une majorité constante n'a pu s'établir?

Sans doute il s'est glissé des pétitions du genre de celles qui ont donné lieu à la discussion du 15 de ce mois, dans la foule des pétitions dont la Chambre a été encombrée; mais veut-on en conclure que la Chambre ne peut pas réformer sa jurisprudence sur ce point, si même elle en avoit une? C'est ce qu'on n'oseroit soutenir. Si quelques curieux pénètrent dans nos tribunes sans billets, on n'y fait pas attention; mais si la foule assiégeoit les avenues du lieu de nos séances et vouloit en forcer l'entrée, on y mettroit ordre.

Je distingue les pétitions en *administratives* ce qui portent sur des intérêts particuliers; et en *législatives*, qui ont trait à des objets généraux et de législation.

Cette distinction me paroît plus juste et plus complète que celle qui les partage en *individuelles* et *collectives*, puisqu'une pétition individuelle peut appeler l'attention de la Chambre sur un objet de législation générale, ou une pétition même collective ne traiter que d'un intérêt particulier , comme , par exemple , lorsque tous les intéressés à un commerce quelconque réclament contre une taxe particulière à leur commerce.

Je me crois donc fondé à soutenir que la Charte et la raison permettent les pétitions administratives , et excluent les pétitions législatives adressées par des particuliers.

Il faut distinguer dans une nation les particuliers et les corps ou autorités publiques , parce que l'Etat se compose de public et de particulier. Si les particuliers étoient tout, il y auroit anarchie ; si l'autorité étoit tout, il y auroit despotisme.

Dans le particulier, comme personne morale et ayant des relations avec l'Etat, je ne vois que deux choses, *intérêts* et *opinions*. Les besoins appartiennent à l'homme de la famille, et sont communs à l'homme et à l'animal.

Les particuliers ont des intérêts, et pour les conserver ou les défendre , ils présentent aux Chambres des pétitions individuelles ou même collectives , quand une collection d'individus n'a qu'*un* intérêt.

Art. 13 de la Charte : « Toute pétition à
» l'une ou l'autre Chambre ne peut être faite
» et présentée que par écrit ».

Toute pétition ne signifie pas qu'on puisse présenter des pétitions sur toutes sortes d'objets, mais seulement qu'aucune pétition ne peut être présentée que par écrit.

Pourquoi les particuliers présentent-ils des pétitions aux Chambres sur leurs intérêts particuliers ?

Parce que les Chambres sont les avocats nés des particuliers plaignans auprès des ministres, et les accusateurs ou les juges des ministres injustes envers les particuliers.

Pourquoi les Chambres passent-elles à *l'ordre du jour* sur les pétitions des particuliers, ou en ordonnent-elles le renvoi aux ministres ?

Les Chambres passent à *l'ordre du jour* lorsque les pétitions ne sont pas de la compétence de l'administration, comme, par exemple, pour un procès perdu, ou une demande déjà portée devant les tribunaux, et en général pour toutes demandes sur lesquelles les ministres ne peuvent pas statuer.

Les Chambres ordonnent le renvoi au ministre compétent, et par-là elles avertissent le plaignant qu'il auroit dû (s'il ne l'a pas fait) s'adresser au ministre, avant de recourir à la Chambre ; ou le ministre, qu'il auroit dû faire droit à la réclamation du plaignant.

Mais dans aucun cas les Chambres ne prononcent sur le fonds, parce qu'elles ne doivent pas s'immiscer dans l'administration. Voilà pour les intérêts.

Mais les particuliers peuvent avoir des *opinions* sur des matières de législation, et ne peuvent même avoir que des *opinions*.

Art. 8 de la Charte. « Les François ont le » droit de publier et faire imprimer leurs » *opinions*, en se conformant aux lois qui » doivent réprimer les abus de cette liberté ». Voilà pour les opinions.

Ainsi pétitions pour des intérêts aux Chambres, qui ne statuent pas sur le fonds, parce que là où il y a un pouvoir administratif ou exécutif, le pouvoir législatif ne peut pas s'immiscer dans l'administration.

Publication ou impression pour le public des opinions des particuliers, parce que là où il y a un pouvoir législatif, les particuliers ne peuvent pas s'immiscer dans la législation.

Je ne connois rien de plus nettement distingué, même dans la Charte.

Les corps constitués pour la législation peuvent avoir, comme corps, des intérêts de corps, et doivent avoir des opinions qui, étant proposées, discutées, délibérées, deviennent des *doctrines*, lesquelles, soumises à l'examen respectif des Chambres et à la sanction royale, peuvent devenir des lois. Si la proposition sort du sein des Chambres, elles la soumettent au Roi, non par des pétitions, mais par des *adresses*, mot consacré pour les pétitions législatives des corps constitués.

Art. 19 de la Charte. « Les Chambres ont » la faculté de supplier le Roi de propo-» ser, etc. »

Art. 70 du réglement. « Les projets d'a-» dresse sont rédigés, etc. etc. »

Et l'on remarque que la Charte, en donnant expressément aux Chambres *la faculté de supplier le Roi de proposer un* projet de loi, n'a pas dû attribuer aux particuliers, comme un droit à l'égard des Chambres, qui sont aussi un pouvoir législatif, ce qu'elle ne permet aux Chambres, à l'égard du Roi, que comme une *faculté*.

Ainsi, pétitions des particuliers aux Chambres sur leurs *intérêts* personnels;

Publication par la voie de l'impression des *opinions* individuelles.

Adresses *délibérées* des Chambres au Roi, pour lui exposer leurs *doctrines* sur un projet de loi:

Voilà tout ce que la Charte permet et tout ce que la raison autorise.

En effet, les *intérêts* des particuliers sont mis à couvert par le droit de pétition autant qu'ils peuvent l'être.

Les *opinions* individuelles sont connues par la publication et l'impression autant qu'elles doivent l'être; chaque député peut en prendre connoissance avec le public, ou même par des lettres confidentielles que les particuliers peuvent lui adresser; et les Chambres, en corps, peuvent en être instruites par l'hommage que l'auteur peut leur faire de son écrit.

Et voyez où mène le système contraire. Toute pétition sur la législation souscrite d'un nombre quelconque de signataires, suppose proposition par un d'entr'eux; discussion, délibération et vote de la part des autres : car il faut tout cela pour signer avec connoissance de cause une pétition.

Voilà donc un autre corps législatif de hasard qui se forme, délibère et vote sur la législation à côté du corps législatif constitué, et qui peut même être autant ou plus nombreux que celui-ci ; aussi il me paroît tout-à-fait conséquent, l'auteur de la pétition mentionnée au rapport de M. Mestadier, qui a naïvement terminé la sienne par ces mots : « Je vote pour le maintien de la loi des élections ». Il s'est considéré, il a dû se considérer comme législateur : et effectivement, nous ne disons pas autrement.

On ne réfléchit pas assez à la position fausse et contradictoire où ce système place les Chambres.

Pétition signifie *demande* ; demande en redressement d'un grief que le plaignant est compétent pour connoître, et pour exposer à la Chambre compétente, pour accueillir et recommander au ministre compétent, pour accorder ; demande par conséquent de quelque chose de positif, et qui suppose action de la part de la Chambre ou du ministre. Mais quand des particuliers , quel que soit leur nombre , présentent une opinion sur la législation (car ils ne peuvent présenter autre chose), que demandent-ils? Que la chambre délibère? C'est une initiative sur la proposition des lois qui ne leur appartient pas , et qui n'appartient pas même aux Chambres. Que la Chambre ne délibère pas ? Son devoir est de délibérer sur les propositions du Roi. Qu'elle accepte ou qu'elle rejette tel ou tel projet de loi ? Voilà des ordres que la Chambre ne peut recevoir de qui que ce soit, pas même du Roi. Mais ces pétitions pour une *opinion* seront combattues par d'autres pétitions en faveur d'une *opinion* toute contraire, revêtues d'autant ou plus de signatures. Que fera la Chambre ? Prendra-t-elle en considération le *pour* et le *contre?* renverra-t-elle au bureau des renseignemens, pour consulter sur le *oui* et sur le *non?* Et quand même il ne viendroit pas des pétitions contraires, le silence que garde l'immense majorité de la nation, comparée au nombre infiniment petit des pétitionnaires, le silence qu'elle garde, malgré les peines que se donnent les sollici-

teurs de pétitions, et les moyens qu'ils em-
ployent pour la faire parler, est une protestation vivante contre l'opinion du petit nombre, et cette protestation doit être d'un autre
poids aux yeux de la Chambre, et sur ses ré-
solutions, que toutes ces pétitions, fabriquées
par l'esprit de révolte, colportées par l'intri-
gue, souscrites par l'ignorance et la foiblesse,
et signées par attroupement ou clandestine-
ment : et je m'étonne que le ministère n'ait
pas demandé à ses agens, dans les départe-
mens, à ceux du moins sur lesquels il pou-
voit compter, un tableau fidèle de toutes les
manœuvres employées pour obtenir des signatures dans la circonstance présente, et de
l'espèce de signataires qui les ont données, et
cette *statistique* des pétitions, mises sous les
yeux de la Chambre, en auroit dit plus que
tous nos discours.

Mais que devient, au milieu de ce débor-
dement et de ce conflit d'opinions particulières sur la législation le pouvoir législatif des
Chambres ? Que peut même être dans cette
supposition un corps législatif ? Pourquoi a-
t-il été institué, et quelles sont ses fonctions ?

Avocat des particuliers pour leurs intérêts
personnels, méconnus ou rebutés par les ministres, n'est-il pas dépositaire exclusif de
toutes les doctrines législatives, et *pouvoir*
unique et indépendant pour en faire, sous la
sanction du Roi, l'application à la législation ?
S'il veut lui-même prendre une sorte d'initiative, n'a-t-il pas la voie des propositions
discutées et des *adresses* délibérées, pour supplier le Roi de prendre en considération la
doctrine législative qu'il lui expose, et en
faire un projet de loi ? Je ne peux m'empêcher
d'admirer ici l'inconséquence du systême op-
posé. Au moment même où les députés sont
nommés, lorsque les électeurs, leurs com-
mettans immédiats, sont réunis en assemblée
légale et régulièrement organisée, pour leur
conférer *l'institution* législative, il est défendu aux électeurs de leur donner aucun man-
dat spécial, défendu de les engager d'avance
à aucune opinion, défendu même d'en délibérer, ils ne pourroient en leur qualité d'é-
lecteurs dire aux députés, même à l'oreille,
ce que, comme pétitionnaires, ils proclament
aujourd'hui sûr les toits; le principe le plus

ancien et le plus constamment suivi, depuis l'origine de nos assemblées législatives, est la défense des *mandats impératifs;* et des particuliers qui ne jouissent même pas du droit politique de nommer un député, qui peut-être ne paient pas d'impôt, qui peuvent être en état de faillite, de domesticité, de prévention judiciaire, en minorité, en interdiction, etc. (car on peut tout présumer, lorsque ces signatures ne sont *légalisées* par aucune autorité), pourroient se jeter à travers nos discussions, prendre le pas sur l'initiative royale ou sur nos propositions, mêler leurs opinions à nos délibérations, nous commander, nous menacer, et tout ce chaos législatif s'appeleroit un gouvernement *représentatif!* et nous pourrions, sans manquer, et à nos devoirs, et à la nation qui nous a envoyés, et au Roi qui nous a associés à son pouvoir, laisser à ce point périr en nos mains l'autorité qui nous a été confiée, et que nous devons transmettre à nos successeurs telle que nous l'avons reçue!

Distinguons les pouvoirs et les devoirs, et posons la limite des uns et des autres.

Les Chambres ont le pouvoir législatif, leur

devoir est de contrôler, accuser et juger les ministres ; mais là se borne leur participation à l'administration.

Les particuliers ont le pouvoir électoral ; leur devoir est de nommer les députés au corps législatif ; mais là se borne leur participation à la législation.

Le pouvoir législatif des Chambres, le pouvoir électoral des particuliers, sont l'un et l'autre indépendans, et indépendans l'un de l'autre.

Le pouvoir judiciaire est également indépendant des particuliers, des Chambres, du Roi lui-même, dans l'administration de la justice.

Veut-on se faire une idée juste des pétitions *législatives ?* qu'on se rappelle la fatale influence que prirent les tribunes sur la constituante et la convention, et dont notre législation actuelle conserve le souvenir, dans la défense faite de présenter en personne des pétitions aux Chambres. Eh bien ! les pétitions législatives sont des tribunes *par écrit,* et ne sont pas autre chose.

Enfin, les opinions présentées par pétition

seroient plus favorables et moins sujettes à *punition* que les opinions imprimées. Car en permettant celles-ci, la Charte dit, art. 8, « que les auteurs se conformeront aux lois » qui doivent réprimer les abus de cette li- » berté ». Au lieu que n'ayant rien dit sur les pétitions répréhensibles, leurs auteurs peuvent échapper à toute responsabilité, à la faveur de son silence, et les Chambres elles-mêmes, croire les punir suffisamment en passant *à l'ordre du jour.*

Et que ne peut-on pas avec des pétitions demander ou commander aux Chambres ? Quand toutes les opinions particulières auront légalement le droit de se faire entendre de la législation, bientôt tous les intérêts particuliers usurperont le droit de se faire obéir de l'administration ; et nous verrons à la fois des pétitions pour demander le renversement du trône, et des pétitions pour demander tel ou tel homme pour ministre, ou pour directeur général. « Si l'on relit les abominables bulle- » tins de la convention, dit un écrit sur les » élections que j'ai sous les yeux, on ne » trouvera pas un seul de ses forfaits qui n'ait

» été précédé de quelque *pétition* qui le ré-
» clamoit ».

Mais la nation, dira-t-on, sera donc à la
merci d'une asssemblée factieuse ? Eh! sans
doute, comme elle a été à la merci de la
constituante, de la législative, de la convention, de toutes les assemblées qui se sont suc-
cédées, et qui ont légué leur funeste pouvoir
au directoire et à Bonaparte. Elle sera tou-
jours à la merci d'une assemblée dominée par
des factieux, qui sauront bien empêcher les
pétitions contraires à leurs projets, et faire
taire les pétitionnaires ; et il ne faut pas ou-
blier que tel homme qui défend aujourd'hui
le systéme des pétitions législatives, fit, au
Champ-de-Mars, fusiller les pétitionnaires.
Cependant, il y a dans la Constitution un
remède aux dispositions factieuses d'une Chambre. La Charte donne au Roi le droit de dis-
soudre la Chambre des députés, si toutefois
cette Chambre n'a pas pris les devans, et
dissous elle-même la royauté. Les pétitions
en seroient le plus prompt et le plus puissant
moyen. La dissolution ordonnée par le Roi
conserve au corps législatif toute sa dignité; les

pétitions menaçantes et impératives l'annulent et l'avilissent; et c'est pour prévenir, et la nécessité du remède extrême et périlleux de la dissolution de la Chambre par l'autorité royale, et le malheur de son anéantissement par l'intervention populaire, qu'il faut une bonne loi d'élection, qui en éloigne les factieux, et y appelle les amis de l'ordre et les partisans du gouvernement monarchique.

FIN.

www.ingramcontent.com/pod-product-compliance
Lightning Source LLC
Chambersburg PA
CBHW061157050726
47594CB00008B/3456